D1218188

CIENCIA
ASOMBROSA

¡Juush!
¡Ruum!

Un libro sobre tornados

por Rick Thomas   ilustrado por Denise Shea

Traducción: Sol Robledo

Asesor de contenido: Daniel Dix, Meteorólogo Ejecutivo,
The Weather Channel

Asesora de lectura: Susan Kesselring, M.A., Alfabetizadora
Rosemount-Apple Valley-Eagan (Minnesota) School District

PICTURE WINDOW BOOKS
Minneapolis, Minnesota

Dirección ejecutiva: Catherine Neitge
Dirección creativa: Terri Foley
Dirección artística: Keith Griffin
Redacción: Patricia Stockland
Diseño: Nathan Gassman
Composición: Picture Window Books
Las ilustraciones de este libro se crearon con medios digitales.
Traducción y composición: Spanish Educational Publishing, Ltd.
Coordinación de la edición en español: Jennifer Gillis/Haw River Editorial

Picture Window Books
5115 Excelsior Boulevard
Suite 232
Minneapolis, MN 55416
877-845-8392
www.picturewindowbooks.com

Copyright © 2007 Picture Window Books
Derechos reservados. Ninguna parte de esta obra puede ser reproducida
sin consentimiento por escrito del Editor. El Editor no se responsabiliza
del uso de ninguno de los materiales o métodos descritos en este libro,
ni de los productos de ellos.

Impreso en los Estados Unidos de América.

Library of Congress Cataloging-in-Publication Data

Thomas, Rick, 1954-
[Twisters. Spanish]
¡Juush! ¡ruum! : un libro sobre tornados / por Rick Thomas ;
ilustrado por Denise Shea ; traducción Sol Robledo.
p. cm. — (Ciencia asombrosa)
Includes bibliographical references and index.
ISBN-13: 978-1-4048-3237-4 (library binding)
ISBN-10: 1-4048-3237-8 (library binding)
ISBN-13: 978-1-4048-2535-2 (paperback)
ISBN-10: 1-4048-2535-5 (paperback)
1. Tornadoes—Juvenile literature. I.
Shea, Denise, ill. II. Title.

QC955.2.T4518 2007
551.55'3–dc22
2006027127

Contenido

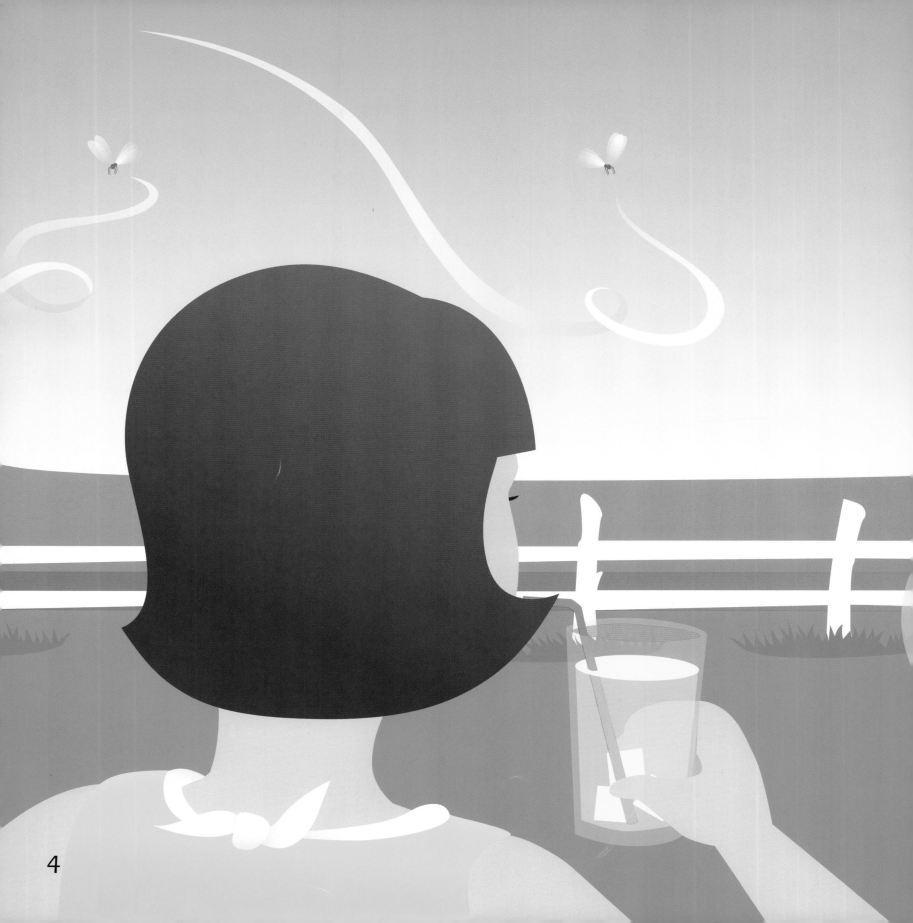

4

¡Cuántos mosquitos hay! ¡Qué calor y humedad!
Por la espalda te bajan gotas de sudor.
Por tu vaso de limonada ruedan gotas de agua.

No hay nubes en el cielo. El cielo es azul claro.
Pero si miras al oeste verás algo oscuro.

Tu abuela dice que este tiempo caliente, húmedo
y brumoso es de tornados.

Corrientes que suben

El aire está lleno de vapor. El aire húmedo se siente pegajoso. El Sol lo calienta más y más. El aire caliente y húmedo sube al cielo. Grandes secciones de aire caliente forman corrientes que suben.

7

Corrientes que bajan y tormentas

Cuando el vapor sube, se mezcla con aire frío y se expande. El vapor se enfría y se forman gotitas de agua. Se forman nubes y las gotitas caen al suelo. La lluvia y el aire fresco caen en una gran masa de aire. Forman una corriente de aire que baja.

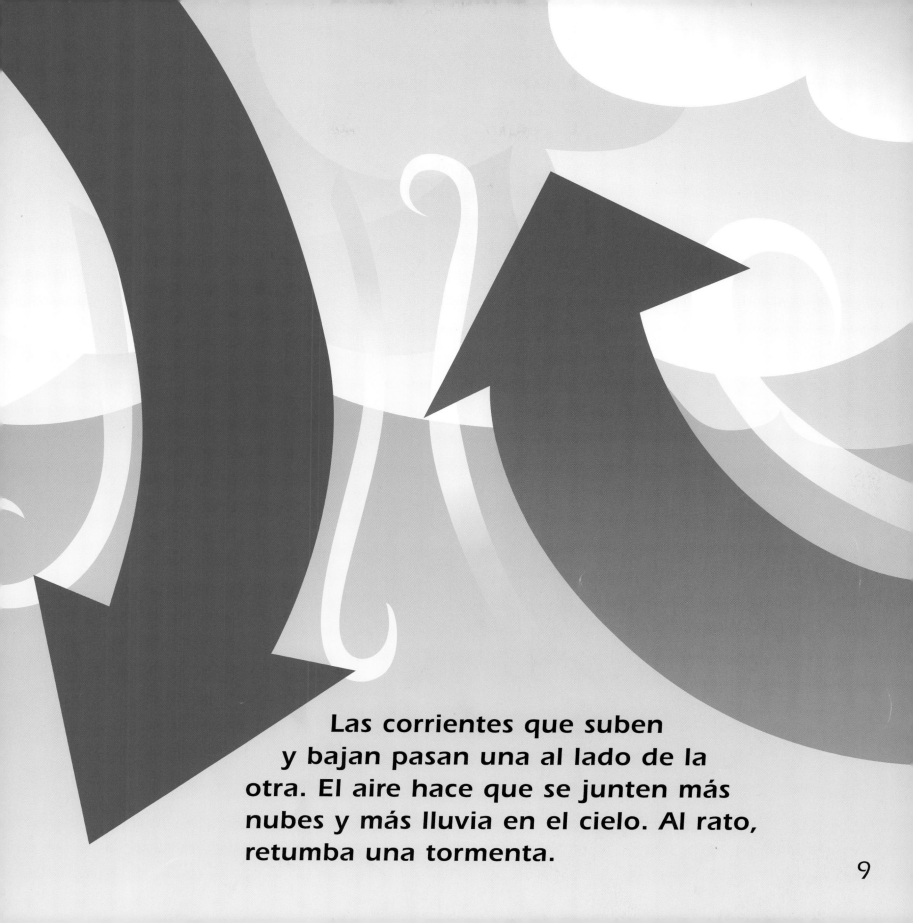

Las corrientes que suben
y bajan pasan una al lado de la
otra. El aire hace que se junten más
nubes y más lluvia en el cielo. Al rato,
retumba una tormenta.

La rotación

Las brisas y los vientos soplan sobre la Tierra todos los días. Hacen remolinos y recorren el cielo a diferentes alturas y en diferentes direcciones.

En una tormenta, los vientos chocan con las corrientes calientes que suben. Las brisas chocan con las corrientes frías que bajan. Las corrientes que bajan se aceleran cuando se acercan al suelo. Las corrientes que suben también se aceleran cuando se acercan a una tormenta. Así se forma una columna de viento que rota.

La nube embudo

El aire se enfría rápidamente. El cielo se pone verde y se llena de nubes que se mueven muy rápido. La brisa se lleva las hojas. Cae granizo de las nubes y rebota en el pasto.

Si miras al oeste, verás una figura rara que se retuerce en las nubes. Una figura oscura que parece un cono de nieve gira hacia el suelo. Debajo del cono hay una nube de polvo que el viento ha levantado.

¡Es un tornado!

Cuando el embudo toca el suelo, se conecta con la nube de polvo que está abajo. El embudo se convierte en un tornado. Se hace más ancho y grueso. Los vientos soplan más y más rápido. Los vientos de un tornado pueden alcanzar una velocidad de 300 millas por hora (480 kilómetros por hora).

Detrás del primer tornado, sale otro embudo de las nubes. Baja al suelo como una cuerda larga y flaca. Luego se pierde en el aire. No todas las nubes embudo serán tornados.

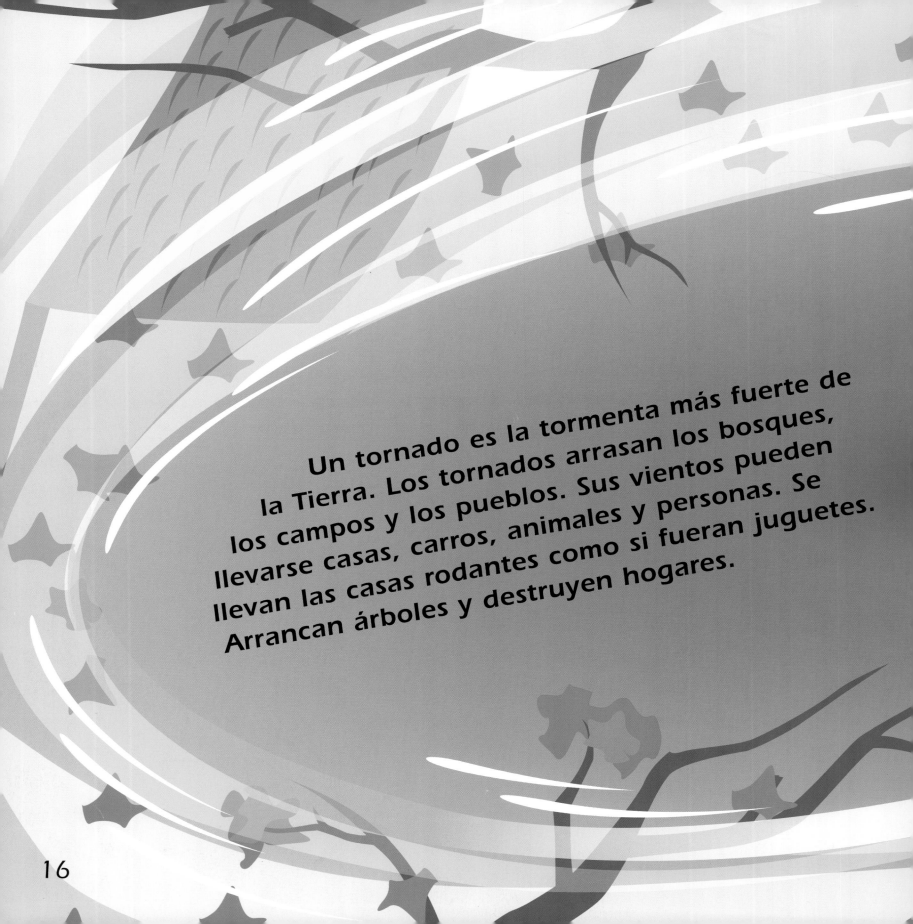

Un tornado es la tormenta más fuerte de la Tierra. Los tornados arrasan los campos y los pueblos. Sus vientos pueden llevarse casas, carros, animales y personas. Se llevan las casas rodantes como si fueran juguetes. Arrancan árboles y destruyen hogares.

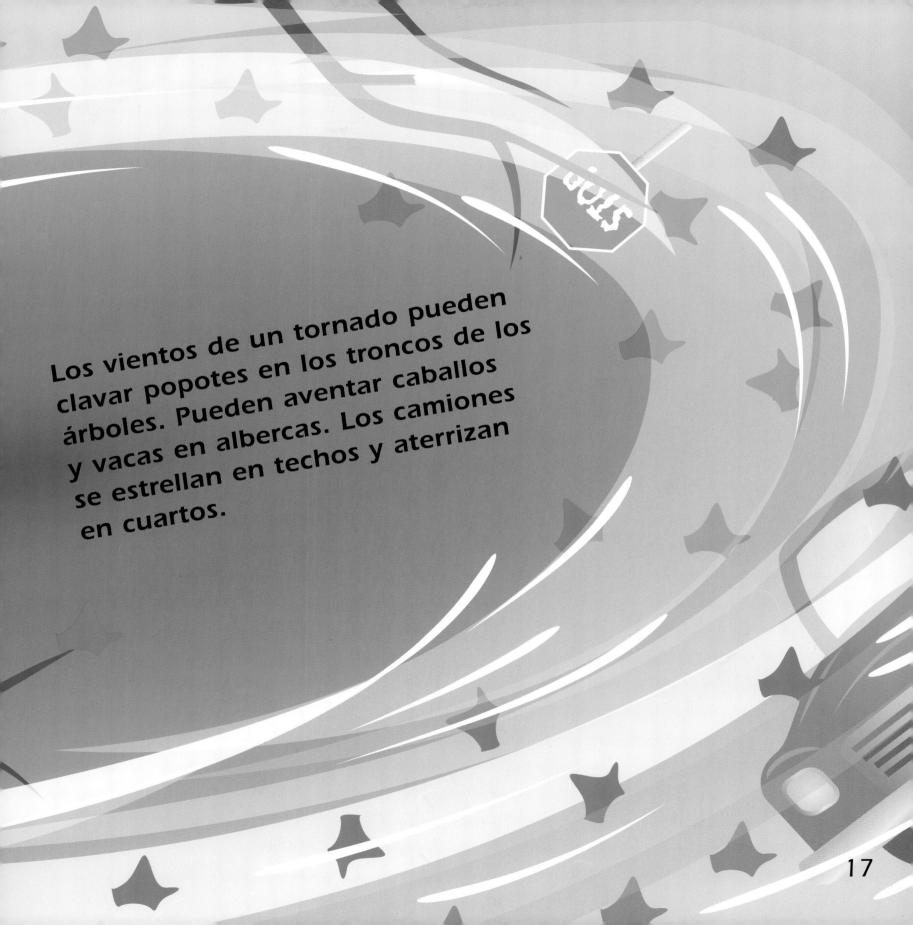

Los vientos de un tornado pueden clavar popotes en los troncos de los árboles. Pueden aventar caballos y vacas en albercas. Los camiones se estrellan en techos y aterrizan en cuartos.

Rápido y feroz

Un tornado suena como un tren invisible que retumba al pasar. El ruido del viento se mezcla con el chasquido de las ramas y el crujido de las casas.

Pero los sonidos desaparecen rápidamente. Más de la mitad de los tornados duran sólo 15 minutos. Viajan una milla (1.6 kilómetros) sobre el suelo y después se debilitan. La nube embudo se adelgaza. Se vuelve polvo y lluvia.

19

Después del tornado

El cielo está oscuro y llueve. El aire ya no se siente pegajoso. Se siente fresco. Se oyen truenos y la tormenta se aleja.

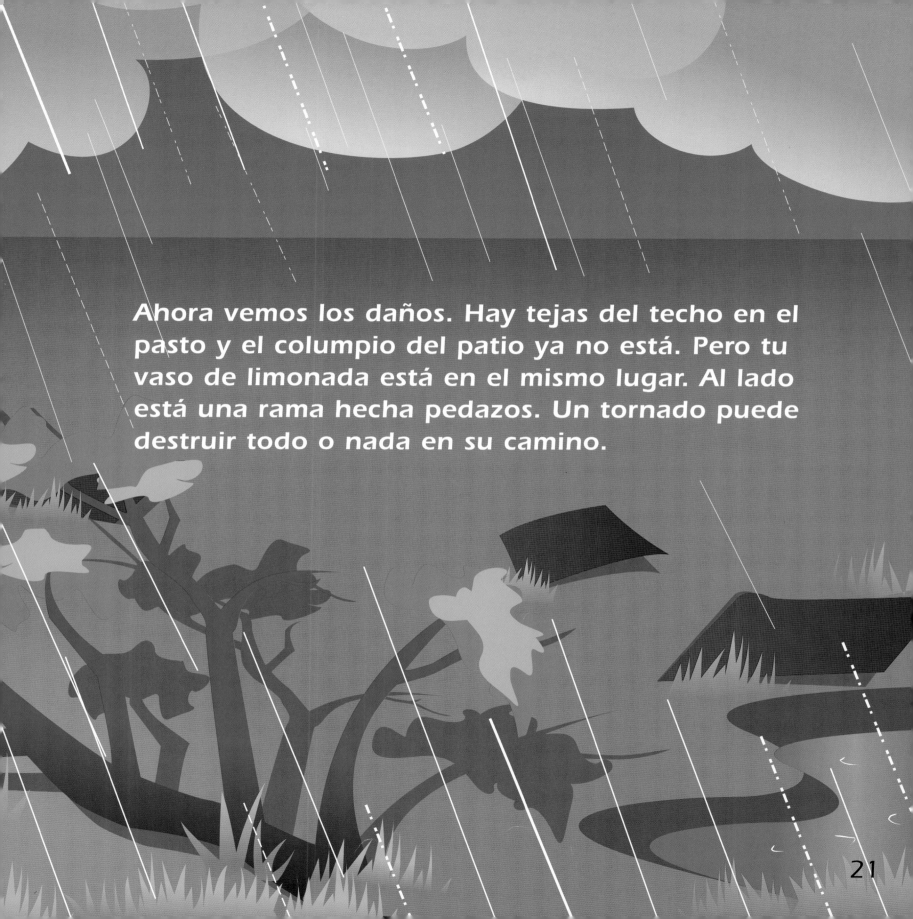

Ahora vemos los daños. Hay tejas del techo en el pasto y el columpio del patio ya no está. Pero tu vaso de limonada está en el mismo lugar. Al lado está una rama hecha pedazos. Un tornado puede destruir todo o nada en su camino.

Qué hacer cuando viene un tornado

Los tornados son muy peligrosos y hay que evitarlos. Hay que oír los pronósticos del tiempo durante la temporada de tornados. La mayoría ocurren en mayo y junio, pero pueden formarse en cualquier época del año. Estas señales indican que viene un tornado:

- Cielo verde
- Nubes que se mueven rápidamente
- Granizo
- Una tranquilidad repentina en medio de una tormenta fuerte
- Nubes embudo
- Un ruido inexplicable que retumba como tren

Hay que quedarse dentro de la casa y lejos de las ventanas. El mejor lugar para protegerse es un sótano. Si no hay un sótano cerca, protéjanse debajo un mueble pesado, como una mesa de comedor o un escritorio.

Tápense con cobijas o colchones. Los protegerán de los vidrios y demás objetos que vuelan en el aire.

Si están en un carro, deben apagarlo y acostarse en una zanja. No se refugien debajo del puente de una autopista. Los tornados han sacado a personas de ahí.

Sobre los tornados

- Los tornados se forman generalmente en la zona que va del sur de Minnesota y Iowa hasta Nebraska a Texas. Se llama "el corredor de los tornados".

- En los Estados Unidos se reportan unos 800 tornados cada año. Los meteorólogos creen que unos 1,000 tornados "débiles" más se forman, pero no se ven ni se reportan.

- Los Estados Unidos es el país de más tornados.

- A veces se forman olas de seis o más tornados al mismo tiempo.

- Los meteorólogos salvan vidas porque predicen el mal tiempo y advierten que vienen tormentas.

Glosario

embudo—figura en forma de cono abierta arriba y cerrada abajo

granizo—gotas de agua congelada que caen al suelo como bolas de nieve

húmedo—lleno de agua

sección—pedazo; parte pequeña de algo mayor

rotar—girar como un trompo

vapor—agua en forma de gas que no se ve

Aprende más

En la biblioteca

Barrett, Norman. *Huracanes y tornados.* Inglaterra: Franklin Watts, 1990.

Ganeri, Anita. *Me pregunto por qué el viento sopla.* España: Everest, 1999.

Hayden, Kate. *Tornados.* Glenview, IL: Scott Foresman, 2003.

En la red

FactHound ofrece un medio divertido y confiable de buscar portales de la red relacionados con este libro. Nuestros expertos investigan todos los portales que listamos en FactHound.

1. Visite *www.facthound.com*

2. Escriba una palabra relacionada con este libro o escriba este código: 1404809309

3. Oprima el botón FETCH IT.

¡FactHound, su buscador de confianza, le dará una lista de los mejores portales!

Índice

Busca más libros de la serie Ciencia asombrosa:

Copos y cristales: Un libro sobre la nieve
El ojo de la tormenta: Un libro sobre huracanes
¡Rambum! ¡Pum!: Un libro sobre tormentas
Sopla y silba: Un libro sobre el viento
¡Splish! ¡Splash!: Un libro sobre la lluvia